NATIONAL GEOGRAPHIC

Pasión por los
loros

EDICIÓN PATHFINDER

Dra. Jamie Gilardi con Rebecca L. Johnson
y Cristina G. Mittermeier

CONTENIDO

Loros en peligro

Como los loros son bellos e inteligentes, a través de los años se han atrapado millones para vender como mascotas. Ven a Perú para ver lo que se está haciendo para salvar a los loros salvajes.

El agua color café chapotea suavemente contra nuestra canoa. Aún no amaneció y vamos desciendo por el río Urubamba, en el corazón del Perú. El río serpentea por el margen occidental de la extensa selva amazónica de Sudamérica. Mientras el barquero guía la canoa hacia la orilla, voy cargando al hombro mi mochila.

Diez minutos más tarde, me encuentro dentro de una pequeña choza oculta entre los árboles. Hacia afuera veo un profundo acantilado de tierra arcillosa marrón-rojiza sobre la orilla del río. Está saliendo el sol. ¡Oigo llegar a los comedores de arcilla!

Los loros cabeza azul son los primeros. Una bandada baja en picada agitando sus alas verde brillante, graznan y chillan mientras luchan por conseguir un punto de apoyo en el acantilado. Cada pájaro engulle ávidamente un trozo de arcilla del tamaño de un pulgar. Seguidamente aparecen los guacamayos rojos y verdes y los escarlata. Juntos, los pájaros forman un arco iris.

Por la Dra. Jamie Gilardi con Rebecca L. Johnson

3

Un misterio resuelto

Soy bióloga, una científica que estudia a los seres vivos. En mi caso, estudio a los loros. He venido a Perú para aprender más acerca de los loros de la **selva tropical**. Para avistar pájaros, he venido a visitar una colpa de guacamayos en la ribera de un río, cerca del pueblo de Sepahua. Es un lugar donde los loros comen arcilla. Cientos de loros se acercan hasta aquí cada mañana.

Los científicos comenzaron a venir a la selva amazónica del Perú para estudiar pájaros en la década de 1980. Ahí fue cuando por primera vez vieron las colpas de guacamayos. Mi primer viaje a Perú fue a principios de los '90. Quería averiguar por qué los loros comían arcilla, así que observé atentamente a las aves. También recolecté la comida y tomé muestras de la arcilla que comían. Más tarde, a mi regreso a los Estados Unidos, realicé algunas pruebas en el laboratorio.

Descubrí que los loros de la selva tropical comían muchas semillas, y muchas de las semillas contienen toxinas, sustancias químicas venenosas. Las toxinas pueden ser dañinas si se acumulan en el cuerpo de un pájaro. La arcilla impide que las toxinas se introduzcan en el cuerpo de los loros, en primer lugar.

Belleza e inteligencia

Podía pasar horas observando a los loros en una colpa de guacamayos. Están entre los pájaros más bellos del mundo y nunca resultan aburridos. Los loros son estupendos voladores y también fabulosos acróbatas. Pueden trepar árboles, alcanzar frutos, ¡y hasta colgarse boca abajo sosteniéndose con un solo dedo de la pata!

Los loros mantienen sólidos lazos familiares y probablemente muchos formen pareja de por vida. Además, parecen disfrutar de la compañía del otro. Sus voces chillonas y graznidos invaden la selva con una sinfonía de parloteo.

Algunas clases de loros son capaces de imitar el habla humana. Lo más asombroso es que no es que simplemente hacen ruido. Cuando hablan, utilizan sonidos para comunicarse. Sin duda, los loros son inteligentes. Son unos de los animales más inteligentes sobre la Tierra.

Sin embargo, ser listos y bellos les ha causado problemas. En todas partes, la gente los quiere como mascotas. Millones de loros salvajes en el mundo han sido capturados para ser vendidos en el **mercado de mascotas**, y muchas poblaciones de loros están en peligro de extinción. Algunos, como el kakapo de Nueva Zelanda están prácticamente en extinción.

Maravillosos pasteles de barro. *Comer arcilla protege a estos guacamayos de las toxinas y les aporta los minerales que necesitan.*

Pasando el rato. *Los loros tienen cuatro dedos fuertes que les ayudan a trepar y alcanzar frutos.*

Entrando en acción

Afortunadamente, los grupos conservacionistas aceptaron el desafío. Se reunieron con funcionarios del gobierno de Perú y compartieron conocimientos científicos. Explicaron que los loros del Perú podrían ser exterminados por completo. Algunos funcionarios escucharon. Dado que los loros están a salvo dentro de los parques nacionales, el gobierno extendió los parques hacia la selva tropical, incluyendo varias e importantes colpas de guacamayos.

Para las colpas ubicadas fuera de los límites de los parques, los grupos de conservación emplearon una estrategia distinta. Iniciaron proyectos de ecoturismo. World Parrot Trust trabajó conjuntamente con las comunidades locales, ayudándoles a construir pequeñas posadas cerca de las colpas más grandes.

Actualmente, llegan turistas de todo el mundo para alojarse en esas posadas. Guías locales los llevan a avistar loros. Muchos habitantes de pueblos cercanos trabajan en las posadas, y algunos ayudan a administrarlas. El dinero que recaudan las posadas del turismo no se invierte exclusivamente en la protección de los loros; también ayuda a proteger la vida silvestre de miles de hectáreas de la selva tropical peruana.

Loros en peligro

A los cazadores de loros les llevó un tiempo llegar hasta la colpa de guacamayos en Sepahua. La selva tropical es frondosa en esta remota región del Perú. Durante siglos, las únicas personas que habitaban el lugar eran los indios machiguenga. A veces mataban loros para comer, incluso tenían algunos como mascota, pero su impacto en la población de loros era ínfimo.

Entonces, empezaron a llegar intrusos. Vinieron mineros en busca de oro, leñadores en busca de árboles para talar, y cazadores en busca de loros.

Los cazadores no eran nada tímidos. Estaban ávidos de capturar loros peruanos para el comercio internacional de mascotas, y los loros que se reunían en las colpas eran un blanco fácil.

Los científicos creímos que algo tenía que hacerse para proteger a los loros y las colpas. Los cazadores de loros atrapan tantos loros como pueden, y temíamos que las colpas pronto quedarían vacías. ¿Llegaría a su fin el parloteo de los loros?

Ayuda artesanal. *La gente teje y vende hermosas* arpilleras *para ayudar a proteger a los loros salvajes.*

Arte de los loros

No existen albergues eco-turísiticos cerca de Sepahua. El pueblo está ubicado dentro de la selva y es de difícil acceso para los turistas. Aún así, los loros en la colpa de Sepahua están protegidos. ¿De dónde proviene el dinero para mantenerlos a salvo? Proviene del arte.

La gente de Sepahua hace *arpilleras*. Son hermosos tapices para colgar en la pared que ilustran la vida en la selva alrededor de la aldea. Si los miras con atención, verás personas, flores, árboles y… ¡loros, por supuesto! El dinero que proviene de la venta de arte paga a los guardias que vigilan la colpa de guacamayos de Sepahua y otras colpas cercanas.

Vocabulario

comercio de mascotas: venta de animales salvajes como mascotas

en cautiverio: en un lugar que no sea el hábitat natural, como la casa de alguien

exportar: enviar productos a otros países para su venta

importar: ingresar un producto a un país desde otro lugar

selva tropical: zona boscosa que recibe por lo menos diez centímetros (cuatro pulgadas) de lluvia por mes

Más progreso para los loros

Los loros que estoy observando en la colpa de Sepahua están a salvo de los cazadores por ahora, pero todavía es legal cazar loros para el **comercio de mascotas** en otras partes del Perú. Los científicos y grupos de conservación están intentando cambiar esto. El gobierno ha limitado la cantidad de loros que los cazadores pueden atrapar. Esperamos que este importante primer paso finalmente conduzca a la prohibición o cese total del comercio de loros en estado salvaje.

Cuando suceda, Perú se estará uniendo a países como Indonesia y México, que han dejado de **exportar** loros capturados en su hábitat natural. Muchos países han dejado de **importarlos** también. Los europeos, por ejemplo, habían estado importando alrededor de 2 millones de aves silvestres por año. En 2007, la Unión Europea decidió prohibir esta costumbre, poniendo así fin a casi toda la importación y exportación legal de aves silvestres.

A partir de 1993, ningún loro capturado en su entorno natural ha podido ingresar en los Estados Unidos tampoco. Los loros que ves en tiendas de mascotas han sido criados **en cautiverio**. No obstante, piénsalo bien antes de comprar uno. Un loro requiere mucha atención y cuidado, y algunos pueden vivir más de 50 años.

Viviendo en libertad y en estado salvaje

El futuro se ve más prometedor para los loros salvajes a nivel mundial. Aún queda mucho por hacer para protegerlos del todo, pero se está progresando en muchos lugares del mundo.

Algunos loros incluso están reinsertándose en su entorno natural. En la década de 1980 sobrevivían apenas una docena o menos de pericos verdes. Hoy en día, ¡su población supera los 300 mil!

El progreso registrado en la ayuda a los loros demuestra lo que seguramente habrás escuchado antes. Si trabajamos juntos, podemos cambiar las cosas.

Por eso las *arpilleras* son tan extraordinarias. De forma simple y colorida, conectan un lugar tan remoto como Sepahua con el mundo exterior. Las *arpilleras* parecen decir: "Vean a nuestros loros en su hábitat natural. Miren qué bellos son". Cuando por fin entiendes el mensaje, comprendes por qué los loros salvajes no pueden vivir en cautiverio. Pertenecen a la selva, volando libres por siempre.

Un vistazo a los LOROS

Se puede oír el graznido y chillido de los loros en muchas regiones cálidas del mundo. Hay más de 350 clases de estas aves bellas e inteligentes. Todas poseen picos fuertes y curvos, y cuatro dedos en las patas. Pero ahí terminan los parecidos. Mira los diversos colores y tamaños. ¿Cuál es tu loro favorito?

ASIA

EUROPA

NORTEAMÉRICA

ÁFRICA

SUDAMÉRICA

AUSTRALIA

La bella corona de plumas amarillas sobre la cabeza de esta cacatúa se abre como un abanico cuando el pájaro se siente en peligro.

Sobrevolando la mayor parte de África Occidental, los bulliciosos loros de Senegal parlotean entre sí usando silbidos y graznidos.

Cuando el lorito arco iris come, el polen y el néctar de las flores se adhieren a diminutos pelos de su lengua.

El kakapo de Nueva Zelanda, que está en peligro de extinción, es el loro más robusto del mundo y también el único incapaz de volar.

Pueblo de loros

Te presentamos a los pueblos indígenas de la selva amazónica.

Me despierto rodeada de oscuridad. Al principio, no sé dónde estoy. Entonces me acuerdo que estoy lejos de casa, en un pueblo de Brasil, un país de Sudamérica. He venido a tomar fotos de personas que habitan la selva tropical.

En medio del frío y la humedad, me acurruco bajo la manta y sueño con la aventura que me espera.

Pequeños rostros

Unos minutos después, sale el sol y veo muchos rostros pequeños mirándome a través del mosquitero. Pertenecen a los niños de un pueblo indígena llamado kayapó. Les sonrío.

La aldea donde viven se llama Kendjam. Claramente, los niños quieren mostrarme su hogar, así que tomo la cámara y los sigo.

Por Cristina G. Mittermeier

Vistas de la aldea

Cuando llegamos a la aldea, noto que está formada por chozas ubicadas en círculo. Los techos de las chozas están hechos de ramas de palmera recolectadas de los árboles de la selva tropical.

Los kayapó consideran a su hogar selvático un lugar muy especial porque allí encuentran comida, agua, refugio y medicinas.

Alrededor mío, veo otros elementos de la selva. Se entrelazan las hojas para crear refugio y vestimenta, se tallan los palos para hacer herramientas, y se utilizan caparazones de tortuga como cuencos.

Mientras caminamos por la aldea, una niña sale de una choza. Lleva consigo algo rojo, blanco, azul y amarillo. Es un hermoso loro llamado guacamayo escarlata.

Cristina Mittermeier

Río de la selva tropical.
El río Iriri, en Brasil, pasa cerca de las tierras de los kayapó.

Plumas fabulosas

Los kayapó arrancan plumas de loros para hacer *kokai*. Se trata de **tocados** que usan los kayapó en celebraciones y para demostrar su **nivel social**. También los usan para atemorizar a sus enemigos.

Veo guacamayos dando saltos alrededor de la aldea. Los kayapó conservan a estos pájaros semidesplumados como mascotas. Observo a una niña llevar a su mascota hasta una choza cercana. Me hace señas para que la siga adentro.

La choza es oscura porque no tiene ventanas. A medida que mis ojos se acostumbran a la oscuridad, empiezo a distinguir formas. Sobre una mesa, veo a un guacamayo verde con partes peladas donde le han arrancado plumas.

Un anciano está sentado en el piso ordenando plumas. Coloca los distintos colores en diversas pilas. Creará un nuevo tocado con las plumas.

Adiós a la selva

Los kayapó son un pueblo maravilloso, pero no puedo pasar mucho tiempo con ellos. A la mañana siguiente, me levanto temprano para tomar un vuelo a casa. Pienso en las cosas asombrosas que vi. De veras, el mundo de la selva tropical de los kayapó es mágico.

VOCABULARIO

nivel social: la posición de una persona dentro de un grupo

tocado: cobertura para la cabeza que a menudo tiene un significado especial

Elogio para los
LOROS

Es hora de bajar en picada para descubrir lo que aprendiste sobre los loros.

 1 ¿Por qué los loros comen arcilla? ¿Cómo descubrió la Dra. Gilardi la respuesta a esta pregunta?

 2 ¿Qué problemas aún enfrentan los loros en algunas regiones del Perú? ¿Cómo intentan ayudarlos las personas?

 3 ¿Resultan exitosas las iniciativas para proteger a los loros salvajes? Explica por qué.

 4 ¿En qué se parecen las distintas clases de loros? ¿En qué se diferencian?

 5 ¿Cómo ayudan los loros a los indígenas kayapó para preservar su cultura?